小普羅藝術叢書

有了喜歡的顏色　有了豐富的創意
孩子，你更需要無邊無際的恣彩天空！

·我喜歡系列·

我喜歡紅色	我喜歡棕色	我喜歡黃色	我喜歡綠色	我喜歡藍色	我喜歡白色和黑色

·創意小畫家系列·

蠟筆	水彩	色鉛筆	粉彩筆	彩色筆	廣告顏料
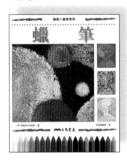					

·小畫家的天空系列·

動物畫	風景畫	靜物畫

我喜歡——紅色

M. Àngels Comella　著

本局編輯部　譯

三民書局

國家圖書館出版品預行編目資料

我喜歡紅色 / M.Àngels Comella著;三民書
　　局編輯部譯－－初版二刷.－－臺北市;
　　三民，2003
　　　面;　　公分－－(小普羅藝術叢書. 我喜
　　歡系列)

　　ISBN 957-14-2865-5　　(精裝)

940

網路書店位址：http://www.sanmin.com.tw

© 我喜歡紅色

著作人　　M.Àngels Comella
譯　者　　三民書局編輯部
發行人　　劉振強
著作財　　三民書局股份有限公司
產權人　　臺北市復興北路386號
發行所　　三民書局股份有限公司
　　　　　地址／臺北市復興北路386號
　　　　　電話／(02)25006600
　　　　　郵撥／0009998-5
印刷所　　三民書局股份有限公司
門市部　　復北店／臺北市復興北路386號
　　　　　重南店／臺北市重慶南路一段61號
初版一刷　1998年8月
初版二刷　2003年4月
編　號　　S 94061
精裝定價　新臺幣貳佰捌拾元整
平裝定價　新臺幣貳佰伍拾元整
行政院新聞局登記證局版臺業字第〇二〇〇號

有著作權·不准侵害

目　次

給父母及師長的話

這個世界是由變換不停的形狀所構成的，我們用既唯一又特殊的各種顏色來認知這些形狀，因為當顏色混合或分開時，便會產生新的色調或新的深淺。

《我喜歡紅色》：這個顏色是小朋友喜歡的糖果顏色；同時它也是警告我們，要我們遠離危險的顏色；交通號誌的紅燈也是這個顏色，這樣我們才不會穿越馬路。從和這個顏色相關的基本事物開始，我們激發小朋友的想像力和創造力，讓他們把自己的想法表達出來。

這些練習都是用小朋友可以理解的語言寫成的，我們也可以陪伴這些正在學習讀寫的小朋友一起完成這些練習。希望小朋友能藉由這趟奇妙的冒險，發現大自然中的所有顏色。

別忘了，在最後一頁「混色練習」中的紅色色系，紫紅色是最基本的顏色。

紅　色

有ㄧㄡˇ些ㄒㄧㄝ東ㄉㄨㄥ西ㄒㄧ從ㄘㄨㄥˊ來ㄌㄞˊ就ㄐㄧㄡˋ不ㄅㄨˊ是ㄕˋ紅ㄏㄨㄥˊ色ㄙㄜˋ的ㄉㄜ˙：

天ㄊㄧㄢ使ㄕˇ的ㄉㄜ˙
妝ㄓㄨㄤ扮ㄅㄢˋ

大ㄉㄚˋ象ㄒㄧㄤˋ

麵ㄇㄧㄢˋ包ㄅㄠ

但ㄉㄢˋ是ㄕˋ有ㄧㄡˇ些ㄒㄧㄝ東ㄉㄨㄥ西ㄒㄧ幾ㄐㄧˇ乎ㄏㄨ一ㄧ直ㄓˊ都ㄉㄡ是ㄕˋ紅ㄏㄨㄥˊ色ㄙㄜˋ的ㄉㄜ˙：

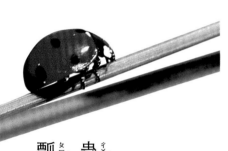

瓢ㄆㄧㄠˊ蟲ㄔㄨㄥˊ

滅ㄇㄧㄝˋ火ㄏㄨㄛˇ器ㄑㄧˋ

番ㄈㄢ茄ㄑㄧㄝˊ

還ㄏㄞˊ有ㄧㄡˇ一ㄧ些ㄒㄧㄝ東ㄉㄨㄥ西ㄒㄧ有ㄧㄡˇ時ㄕˊ是ㄕˋ紅ㄏㄨㄥˊ色ㄙㄜˋ的ㄉㄜ˙，
有ㄧㄡˇ時ㄕˊ不ㄅㄨˊ是ㄕˋ紅ㄏㄨㄥˊ色ㄙㄜˋ的ㄉㄜ˙：

玩ㄨㄢˊ具ㄐㄩˋ

毒ㄉㄨˊ菇ㄍㄨ

蘋ㄆㄧㄣˊ果ㄍㄨㄛˇ

紅色的魚兒

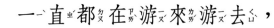

一直都在游來游去，
身上還閃閃發光，
好紅的魚兒！
我們把牠們畫下來吧！

畫這些紅色的魚兒，
我們需要：

▶ 紅色的——色鉛筆、蠟筆、廣告顏料、水彩、彩色筆

▶ 黏膠

▶ 剪刀

1 我們一起來畫魚吧！每一隻魚都用不同的色鉛筆或蠟筆來畫。

2 我們把魚剪下來，貼到藍色的背景上。

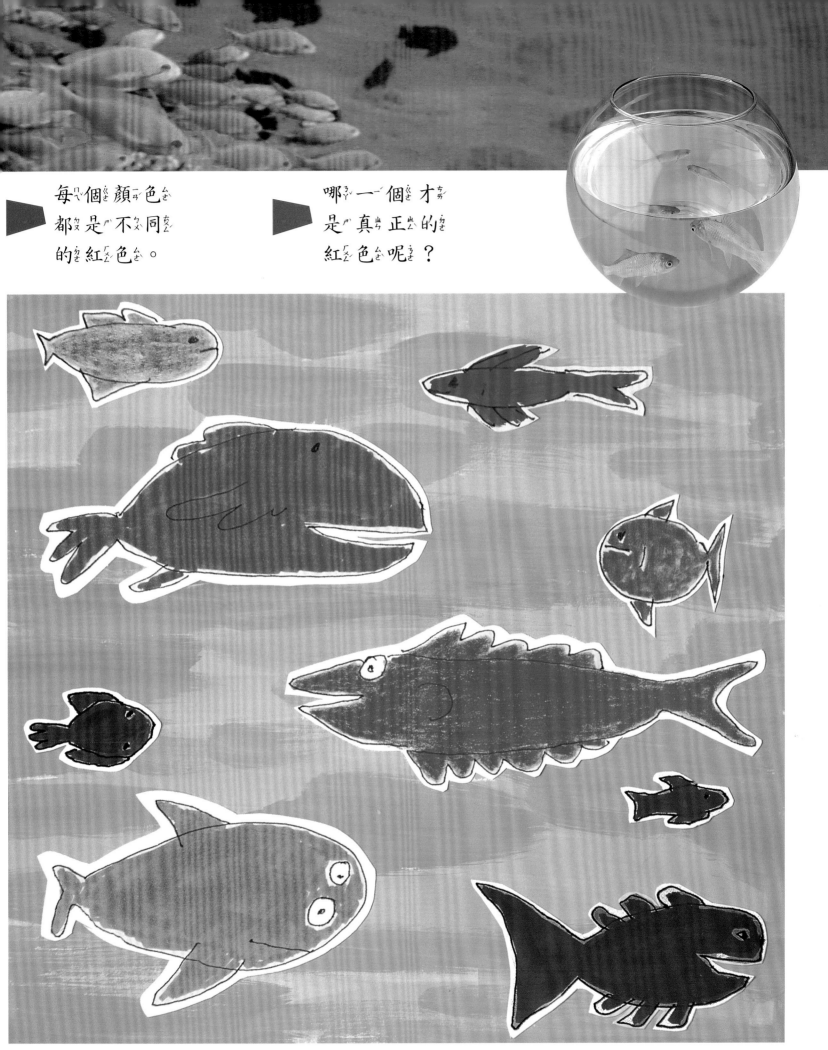

每ㄇㄟˇ個ㄍㄜ˙顏ㄧㄢˊ色ㄙㄜˋ
都ㄉㄡ是ㄕˋ不ㄅㄨˋ同ㄊㄨㄥˊ
的ㄉㄜ˙紅ㄏㄨㄥˊ色ㄙㄜˋ。

哪ㄋㄚˇ一ㄧ個ㄍㄜ˙才ㄘㄞˊ
是ㄕˋ真ㄓㄣ正ㄓㄥˋ的ㄉㄜ˙
紅ㄏㄨㄥˊ色ㄙㄜˋ呢ㄋㄜ˙？

我ㄨㄛˇ向ㄒㄧㄤˋ海ㄏㄞˇ神ㄕㄣˊ保ㄅㄠˇ證ㄓㄥˋ：每ㄇㄟˇ一ㄧ隻ㄓ魚ㄩˊ的ㄉㄜ˙顏ㄧㄢˊ色ㄙㄜˋ都ㄉㄡ是ㄕˋ不ㄅㄨˋ同ㄊㄨㄥˊ的ㄉㄜ˙喲ㄧㄛ！

吼！獅子生氣了！

這隻母獅子是在和牠的小獅子玩呢？還是真的生氣了？

畫一隻受到驚嚇的獅子，需要用到：

► 紅色的廣告顏料

► 畫筆

► 其它顏色的廣告顏料

1 我們先把獅子塗成紅色。

2 然後畫背景。

3 最後，我們用黑色顏料來描出獅子和植物的外形。

紅色的東西，不管是人還是動物，看起來都很奇怪耶！

他們有可能是生氣、快樂、或是受到驚嚇了。

是什麼驚嚇了這個森林之王呢？把它畫出來吧！
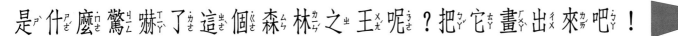

燃燒的星星

它溫暖了我們，
但有時也使我們感到害怕。
即使它驚嚇了我們，
但我們還是忍不住要看它。

回到家以後，
我們想要模仿秋天葉子的顏色。
這兒我們需要：

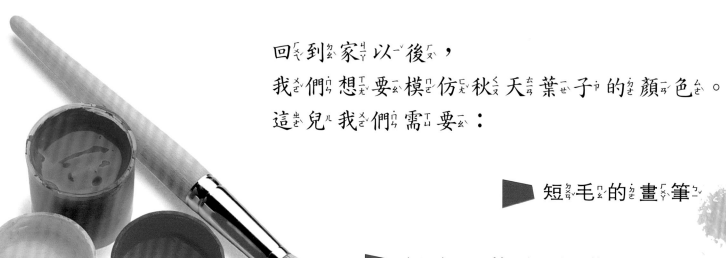

► 短毛的畫筆

► 紅色、藍色和黃色
的廣告顏料

1 我們把廣告顏料
放在調色盤上，
不要加水。

2 用畫筆沾一些
廣告顏料。

3 用力把畫筆往
下壓，我們在
紙上畫了圓形的
圖案。

火焰幾乎總是紅、黃相間的。

紅色給我們熱的感覺。

這就是為什麼說它是一個令人感到溫暖的顏色。

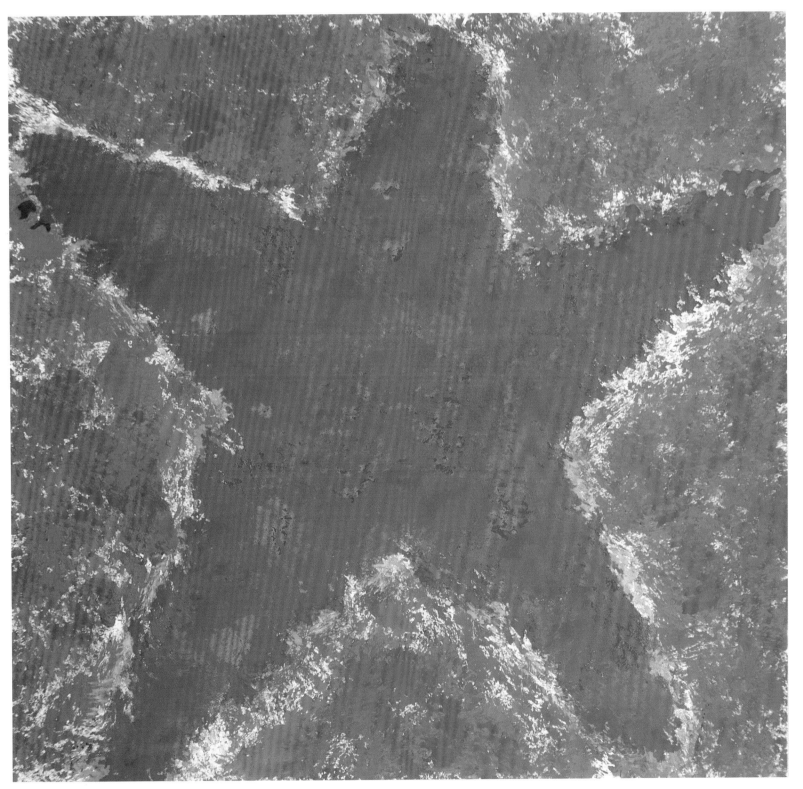

太陽也是一個星星，它帶給我們生命和溫暖。

像花兒一樣紅

郊外有好幾千種顏色的花兒，
為什麼最引人注目的花兒
是紅色的呢？

畫生長在花園裡的花，
需要：

▶ 畫筆和蠟筆

▶ 漿糊

1 我們找一處有花的地方，仔細觀察一下這些花。

2 回到家以後，把我們腦海中的花兒畫下來。

3 圖畫好以後，用漿糊把花兒固定起來。

▶ 花是非常明亮而且多彩多姿的喲！

▶ 你看到了嗎？它們吸引了昆蟲來傳遞花粉呢！

誠心地送給某人一朵紅色的花吧！

他們要穿些什麼衣服呢？

你知道為什麼有些人總是穿紅色的衣服嗎？

我們想一想這個問題以後，選了：

▶ 紅色和其它顏色的卡紙

▶ 黏膠

▶ 剪刀

▶ 透明膠帶

1 我們從紅色的卡紙上，把人物的形狀剪下來。

2 然後，用透明膠帶把卡紙片貼在底紙上。

3 再來，用剪刀把景物創造出來。

你 $_{ㄋㄧˇ}$ 能 $_{ㄋㄥˊ}$ 想 $_{ㄒㄧㄤˇ}$ 像 $_{ㄒㄧㄤˋ}$ 穿 $_{ㄔㄨㄢ}$ 上 $_{ㄕㄤˋ}$ 粉 $_{ㄈㄣˇ}$ 紅 $_{ㄏㄨㄥˊ}$ 色 $_{ㄙㄜˋ}$ 衣 $_{ㄧ}$ 服 $_{ㄈㄨˊ}$ 的 $_{ㄉㄜ˙}$ 惡 $_{ㄜˋ}$ 魔 $_{ㄇㄛˊ}$ 是 $_{ㄕˋ}$ 什 $_{ㄕㄜˊ}$ 麼 $_{ㄇㄜ˙}$ 樣 $_{ㄧㄤˋ}$ 子 $_{ㄗ˙}$ 嗎 $_{ㄇㄚ˙}$ ？

有 $_{ㄧㄡˇ}$ 些 $_{ㄒㄧㄝ}$ 人 $_{ㄖㄣˊ}$ 物 $_{ㄨˋ}$ 永 $_{ㄩㄥˇ}$ 遠 $_{ㄩㄢˇ}$ 都 $_{ㄉㄡ}$ 是 $_{ㄕˋ}$ 一 $_{ㄧ}$ 身 $_{ㄕㄣ}$ 紅 $_{ㄏㄨㄥˊ}$ 色 $_{ㄙㄜˋ}$ 的 $_{ㄉㄜ˙}$ 打 $_{ㄉㄚˇ}$ 扮 $_{ㄅㄢˋ}$ 喲 $_{ㄧㄡ}$ ！

爸 $_{ㄅㄚˋ}$ 爸 $_{ㄅㄚ˙}$ 打 $_{ㄉㄚˇ}$ 扮 $_{ㄅㄢˋ}$ 成 $_{ㄔㄥˊ}$ 的 $_{ㄉㄜ˙}$ 聖 $_{ㄕㄥˋ}$ 誕 $_{ㄉㄢˋ}$ 老 $_{ㄌㄠˇ}$ 人 $_{ㄖㄣˊ}$ 、 小 $_{ㄒㄧㄠˇ}$ 紅 $_{ㄏㄨㄥˊ}$ 帽 $_{ㄇㄠˋ}$ 和 $_{ㄏㄢˋ}$ 惡 $_{ㄜˋ}$ 魔 $_{ㄇㄛˊ}$ 。哇 $_{ㄨㄚ}$ ！真 $_{ㄓㄣ}$ 是 $_{ㄕˋ}$ 最 $_{ㄗㄨㄟˋ}$ 棒 $_{ㄅㄤˋ}$ 的 $_{ㄉㄜ˙}$ 組 $_{ㄗㄨˇ}$ 合 $_{ㄏㄜˊ}$ ！

小心，它會弄髒你的衣服喲！

蔬菜、水果既美味又新鮮，
可是它們會把你的T恤染色，
而且幾乎是洗不掉的喲！

我們來到廚房，發現廚房裡有：

▶ 柳丁皮

▶ 櫻桃

▶ 藍莓

▶ 草莓

▶ 菠菜……其它顏色會
附著在畫筆上的東西

▶ 裝優格的小罐子
和酒精

1 我們把每個東西壓碎以後，裝在不同的小罐子裡。

2 請大人幫你加進一些酒精，然後讓它泡一整天。

3 現在，我們就能用這些天然的顏色來畫圖了。

▶ 有好多東西會染色，顏料也會喔！

▶ 畫畫就是把畫紙染色。

▶ 有天然的顏色和人造的顏色。

哇！一幅材料像真的一樣的圖畫。

好逼真的
糖果喔！

糖果！
好好吃的樣子！
我的舌頭也變成紅色了。

做這麼多的甜食，
我們需要：

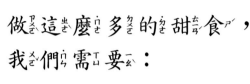 糖果

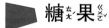 紅色的黏土

橙色、粉紅色、黃色、
白色、綠色……的黏土

1 我們仔細觀察
和模仿糖果的
形狀。

2 我們也可以創造
出不同的糖果喲！

3 我們用白色混合其它
的顏色，做成像粉紅
色一樣明亮的顏色。

食物的顏色是非常重要的喲！

糖果是用可以吃的顏色做的。

有時候，這些顏色會讓我們忍不住流口水呢！

它們看起來好像真的，但是只能看不能吃喔！

光線和顏色

因為我們看得到顏色，
才有顏色的存在；
但是我們要有光線，
才看得到顏色喔！

做這個光線和顏色的
實驗，需要：

▶ 一個空的幻燈片

▶ 彩色筆

▶ 底片

▶ 幻燈片的投影機

1 我們把底片著色
以後，剪成幻燈
片的大小，然後放
到幻燈片裡。

2 我們把幻燈片放到投
影機上，打開投影機。
啊！真是太奇妙了！

光線不是只有白色一種，它也有別種顏色。

白色的光讓物體保有原來的顏色。

其它顏色的光會改變物體本來的顏色喲！

為什麼不用一連串的幻燈片來編個小故事呢？

捉迷藏

紅色是一個非常鮮豔的顏色，
但是它能像變色龍一樣，
把自己隱藏起來喔！

做四顆紅色的球，
我們需要：

▶ 黏膠

▶ 紅色的棉紙

▶ 其它顏色的棉紙

1 我們用紅色的棉紙做四顆球，用其它顏色的棉紙做更多的球。

2 我們用綠色的球包圍一顆紅色的球，另外一顆紅球用黃色的球包圍，第三顆用藍色的，最後一顆就用你喜歡的顏色吧！

▶ 紅色比其它的顏色明顯。

▶ 在相似的顏色當中，紅色便會把自己隱藏起來。

▶ 你覺得紅色鮮豔嗎？還是像變色龍呢？

哪一個紅色的球最明顯？哪一個最不明顯呢？

太陽——生產顏色的工廠

陽光從窗戶射進來。
哇！每一件東西都沐浴在新的顏色當中。

窗戶讓太陽進來。
利用太陽的光線來玩遊戲，
我們需要：

▶ 紅色、黃色、藍色和綠色的玻璃紙

▶ 膠帶

1 我們把有顏色的玻璃紙剪開來，然後貼到窗戶上。

2 如果把兩個不同顏色的玻璃紙疊在一起，就會出現不同的顏色喔！

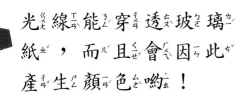

▶ 光線能穿透玻璃紙，而且會因此產生顏色喲！

▶ 有色的光線會改變房間的顏色。

你臥室裡的窗戶打算用什麼顏色呢？

真是太奇妙了！

只要用四個顏色，
便能製造出許許多多的顏色。
我們真是太神奇了！

我們想用四個顏色做成彩虹，
需要：

▶ 紅色、白色、藍色
和黃色的黏土

1 我們把紅色的
黏土捲成長條
的形狀。

2 我們混合紅色和
白色的黏土，做
成另一個長條。

3 然後加入更多的
白色黏土，再做
成另一個長條。

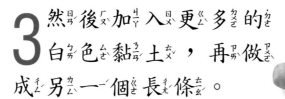

4 我們漸漸減少紅
色黏土的量，一
直到我們只剩下白
色的黏土。

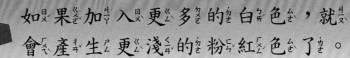

如果加入更多的白色，就會產生更淺的粉紅色了。

混合白色和紅色，會產生粉紅色。

混合藍色和黃色，會變成綠色喲！

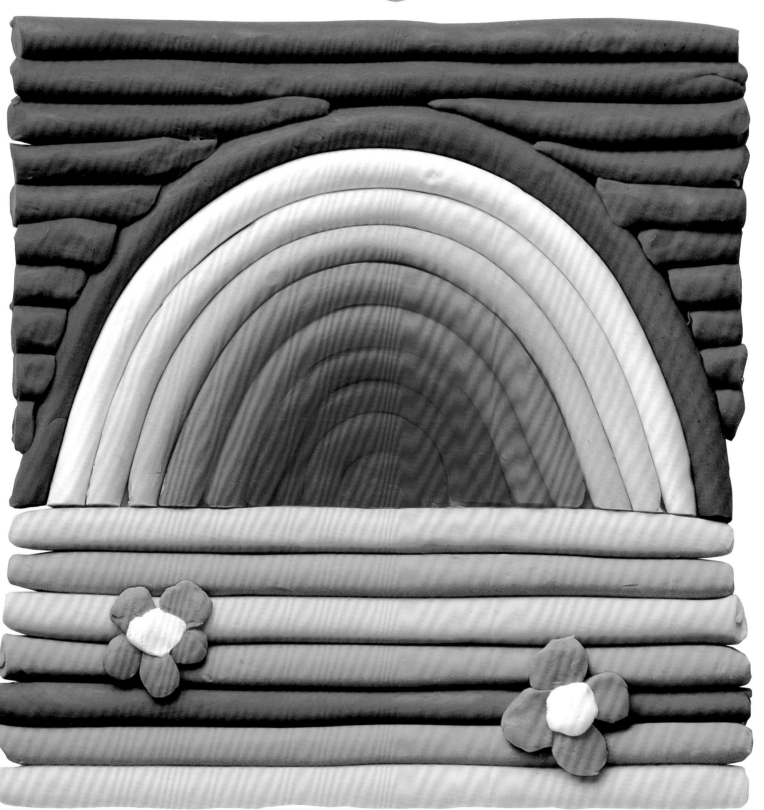

做一片綠色的草地好不好？你記得怎麼做嗎？

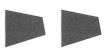

我喜歡，
我不喜歡

真奇怪耶！我很喜歡某些顏色旁邊的紅色，但是某些顏色旁邊的紅色，我卻一點兒也不喜歡。

要確認這一點，我們需要：

▶ 紅色的廣告顏料

▶ 畫筆

▶ 其它顏色的廣告顏料

1 我們用紅色畫出各種的裝飾圖案。

2 等圖案乾了以後，我們再用其它的顏色來完成這些圖案。

3 現在，看著這些圖案，你最喜歡哪一種組合呢？

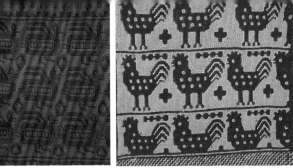

紅色這個顏色，好像會因為它旁邊的顏色而改變耶！

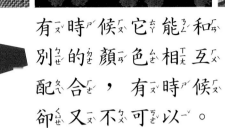

有時候它能和別的顏色相互配合，有時候卻又不可以。

有時候它像火一樣明顯，有時候它又和別的顏色混在一起。

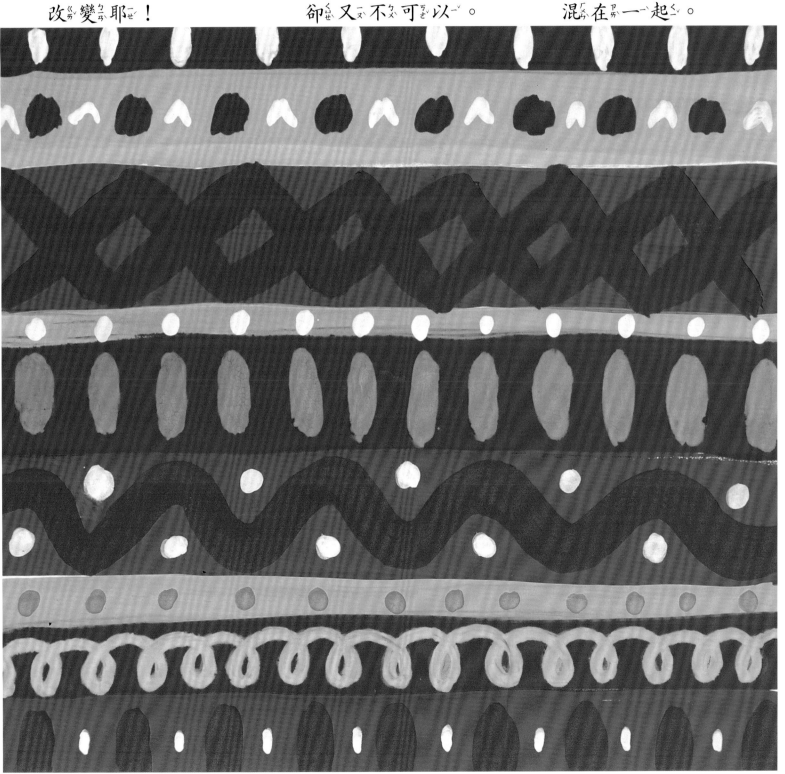

真是奇怪哩！紅色會隨著旁邊的顏色而改變呢！

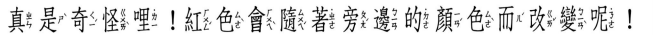

29

小偵探

從地面到天空，
我們總是可以找到一些
躲起來的紅色。

想為樹上的葉子
畫上秋天的紅色嗎？
我們需要：

▶ 海棉

▶ 紅色、綠色、黃色的
廣告顏料

▶ 落葉

1 我們把廣告顏料放在
調色盤上，不用加水。

2 然後，用海棉把
葉子的每個部分
都塗上不同的顏色。

3 我們把葉子當作印
章，壓印到紙上。

有<ruby>紅<rt>ㄏㄨㄥ</rt></ruby><ruby>色<rt>ㄙㄜ</rt></ruby><ruby>躲<rt>ㄉㄨㄛ</rt></ruby>在<ruby>其<rt>ㄑㄧ</rt></ruby><ruby>它<rt>ㄊㄚ</rt></ruby>的<ruby>顏<rt>ㄧㄢ</rt></ruby><ruby>色<rt>ㄙㄜ</rt></ruby><ruby>中<rt>ㄓㄨㄥ</rt></ruby><ruby>間<rt>ㄐㄧㄢ</rt></ruby>耶<rt>ㄧㄝ</rt>！

<ruby>泥<rt>ㄋㄧ</rt></ruby>土的<ruby>棕<rt>ㄗㄨㄥ</rt></ruby><ruby>色<rt>ㄙㄜ</rt></ruby><ruby>總<rt>ㄗㄨㄥ</rt></ruby>是<ruby>可<rt>ㄎㄜ</rt></ruby><ruby>以<rt>ㄧ</rt></ruby>在<ruby>一<rt>ㄧ</rt></ruby><ruby>些<rt>ㄒㄧㄝ</rt></ruby><ruby>地<rt>ㄉㄧ</rt></ruby>方<ruby>看<rt>ㄎㄢ</rt></ruby><ruby>到<rt>ㄉㄠ</rt></ruby><ruby>喔<rt>ㄜ</rt></ruby>！

<ruby>色<rt>ㄙㄜ</rt></ruby>、<ruby>黃<rt>ㄏㄨㄤ</rt></ruby><ruby>色<rt>ㄙㄜ</rt></ruby>、<ruby>綠<rt>ㄌㄩ</rt></ruby><ruby>色<rt>ㄙㄜ</rt></ruby>和……<ruby>更<rt>ㄍㄥ</rt></ruby><ruby>遠<rt>ㄩㄢ</rt></ruby>的<ruby>，<rt></rt></ruby><ruby>棕<rt>ㄗㄨㄥ</rt></ruby><ruby>色<rt>ㄙㄜ</rt></ruby>！

混色練習

我ˇ們ˇ把ˇ紫ˇ紅ˊ色ˋ和ˊ其ˊ它ˋ顏ˊ色ˋ混ˋ合ˊ在ˋ一ˋ起ˇ時ˊ，會ˋ發ˋ生ˋ什ˊ麼ˋ事ˋ呢ˋ？

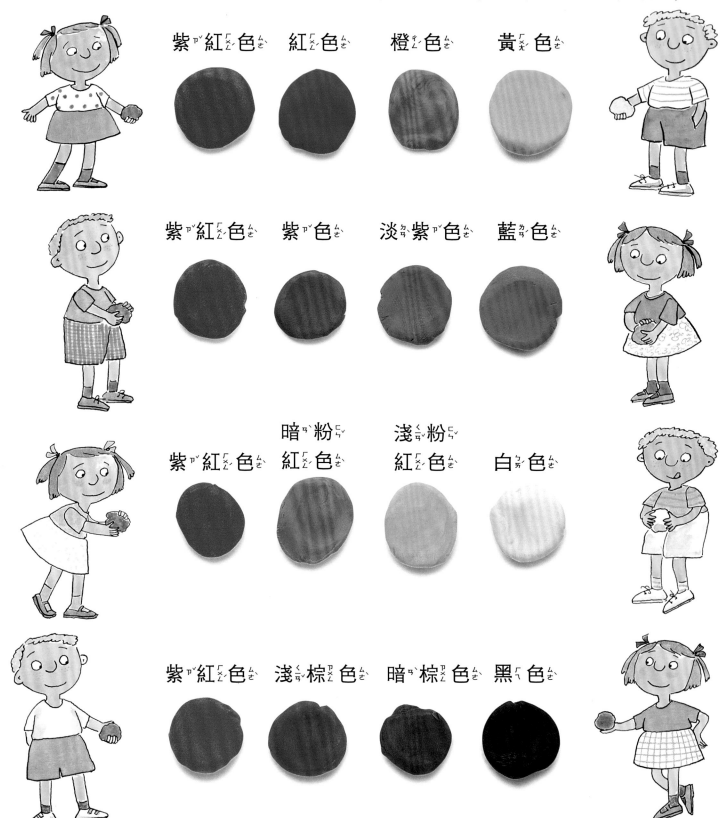

紫ˇ紅ˊ色ˋ　　紅ˊ色ˋ　　橙ˊ色ˋ　　黃ˊ色ˋ

紫ˇ紅ˊ色ˋ　　紫ˇ色ˋ　　淡ˋ紫ˇ色ˋ　　藍ˊ色ˋ

紫ˇ紅ˊ色ˋ　　暗ˋ粉ˇ紅ˊ色ˋ　　淺ˇ粉ˇ紅ˊ色ˋ　　白ˊ色ˋ

紫ˇ紅ˊ色ˋ　　淺ˇ棕ˊ色ˋ　　暗ˋ棕ˊ色ˋ　　黑ˊ色ˋ

假ˇ如ˊ沒ˊ有ˇ光ˋ線ˋ，就ˋ不ˋ會ˋ有ˇ紅ˊ色ˋ，也ˇ不ˋ會ˋ有ˇ其ˊ它ˋ的ˋ顏ˊ色ˋ了ˋ。

一套專為十歲以上少年設計的百科全書

EN SAVOIR PLUS

人類文明小百科

● 適讀年齡：10歲以上 ●

★ 行政院新聞局推介中小學生優良課外讀物 ★

· 充滿神秘色彩的神話從何而來？

· 埃及金字塔埋藏什麼樣的秘密？

· 想一窺浩瀚無垠的宇宙奧秘嗎？

人類文明小百科

為您解答心中的疑惑，開啟新的視野

全系列共18本

人類文明小百科

兒童文學叢書

小詩人系列

● 適讀年齡：8歲以上 ●

榮獲新聞局第十六、十七、十八、十九、二十次中小學生優良課外讀物推介
「好書大家讀」活動推薦好書暨1997年、2000年最佳少年兒童讀物

三民書局的「小詩人系列」自發行以來，
本本皆可稱「色藝雙全」，
在現今的兒童詩集出版品中，
無疑是相當亮麗的一片好風景。

（國立臺東師院兒童文學研究所所長　林文寶）